Wolfgang Klee

Eisenbahn-Landschaft

Bayern

trans
press

Titelbild: Dieter Kempf

Das Foto auf Seite 87 stammt von Dr. Wolfgang Fiegenbaum, alle übrigen vom Verfasser.
Abdruck der Karten mit freundlicher Genehmigung der Deutschen Bundesbahn, Karten- und Luftbildstelle, Mainz.

Klee, Wolfgang:
Eisenbahn-Landschaft Bayern. – 1. Aufl.
Berlin: Transpress, 1993. – 136 S.:
135 Abb.,

ISBN 3-344-70792-2

© 1993 by transpress Verlagsgesellschaft mbH,
Borkumstr. 2, 13189 Berlin
Einbandgestaltung: Jürgen Schumann
Layout: Wolfgang Klee
Satz: Satzstudio MediaSoft, Berlin
Druck: Maisch + Queck, Gerlingen
Bindung: E. Riethmüller, Stuttgart

Inhaltsverzeichnis Seite

Einleitung	6
Schienenwege links und rechts des Mains	10
Zwischen Main und Donau	36
Von der Donau ins Alpenvorland	66
Oberbayern	90
In Schwaben	121

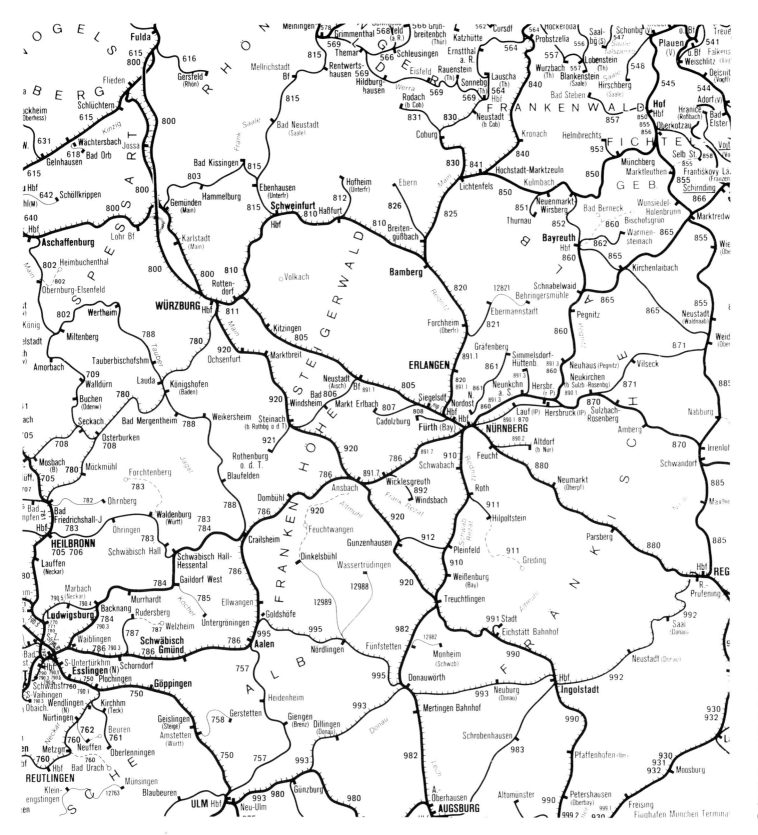

4

Die im Personenverkehr bedienten Eisenbahnstrecken in Bayern. Die dreistelligen Zahlen geben die aktuellen Kursbuchnummern an, die fünfstelligen Museumsbahnen (12000ff), Seilbahnen (11000ff) bzw. Schiffahrtslinien (10000ff).

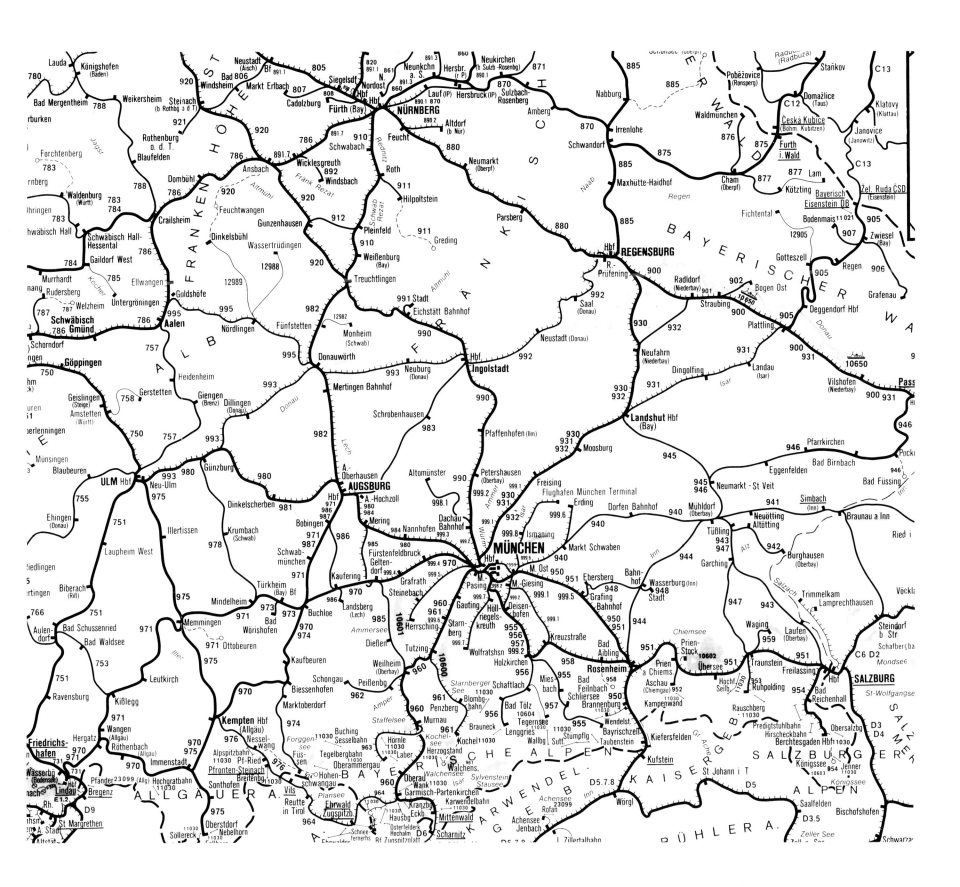

Einleitung

Im alten Bayern tat – 1835 – das deutsche Eisenbahnwesen seine richtungsweisenden ersten Schritte. Im heutigen Bayern kann man die deutschen Eisenbahnen von ihren schönsten Seiten erfahren. Davon will dieser Titel aus der Reihe der „Eisenbahn-Landschaften" einen Eindruck vermitteln.

Der Autor des vorliegenden Buches ist Westfale, ein „Preuße" also. Damit liegt es auf der Hand, daß wir Bayern und seine Eisenbahnen von Norden her durchstreifen werden und zunächst den Main, respektlos auch „Weißwurstäquator" genannt, überschreiten. Durch Franken führt unsere Reise in den Bayerischen Wald, von dort in die Alpen, ins Allgäu und durch Schwaben schließlich wieder zurück Richtung Norden.

Den von Bildern bestimmten Seiten dieses Bandes sei ein knapper einführender Text über Enwicklung und Gegenwart der bayerischen Eisenbahnen vorangestellt. Also: die eigentliche Geschichte begann an jenem legendären 7. Dezember 1835, als zwischen Nürnberg und Fürth Deutschlands erste öffentliche Dampfeisenbahn den Betrieb aufnahm. „Ludwigsbahn" war das eher bescheidene Unternehmen von seinen Vätern getauft worden, und das, obwohl König Ludwig I. nur äußerst verhaltenes Interesse an der Angelegenheit gezeigt hatte. Die verkehrspolitischen Vorstellungen des Monarchen waren damals noch ganz eingenommen von der Idee eines Donau-Main-Kanals, der auch tatsächlich noch realisiert wurde. Den Bahnen jedoch konnte er nicht mehr Paroli bieten.

Die „Ludwigsbahn" war ein Privatunternehmen, und ihre Gründer waren angesichts des großen Erfolges der Sache durchaus gewillt, diese nur gut sechs Kilometer kurze Linie Nürnberg–Fürth zur Keimzelle eines umfassenden bayerischen Eisenbahnnetzes zu machen. Gleichgesinnte fanden sich in praktisch allen größeren bayerischen Städten. Jedoch, es sollte sich schon sehr bald herausstellen, daß die vorzüglichen finanziellen Ergebnisse der Nürnberg-Fürther Städteverbindung nicht auf die großen Überlandrouten zu übertragen sein würden. Bayern lebte damals fast ausschließlich von der Landwirtschaft, erste Ansätze industrieller Entwicklung waren im wesentlichen auf Nürnberg und – mit Abstand – Augsburg beschränkt. Es fehlte also an Kapital und an großen Güterströmen. Zwar kam es noch zur Fertigstellung der München-Augsburger Eisenbahn 1839/40, damit aber hatte sich privater Unternehmergeist in Sachen Eisenbahn für viele Jahre erschöpft.

Nun übernahm der Staat, gedrängt auch von den vielen ehedem auf Privatinitiative setzenden Komitees überall im Lande, die Eisenbahndinge. Es entstand zwischen 1844 und 1854 die legendäre Ludwig-Süd-Nord-Bahn von Lindau über Augsburg, Nördlingen, Nürnberg und Bamberg nach Hof. Über 566 Kilometer windet sich diese erste große bayerische Fernbahn durch die Landschaften der weiß-blauen Monarchie, auf eine möglichst kurze Wegführung wurde dabei kaum Rücksicht genommen. Denn die Süd-Nord-Bahn sollte keineswegs nur die Alpenländer und Nord- bzw. Mitteldeutschland schnellstmöglich verknüpfen und so den internationalen Transit an Bayern binden, sondern sie sollte genauso gut möglichst viele größere Orte und Märkte Bayerns in Verbindung setzen. Daß schon wenige Jahre später durch einen stürmischen Ausbau des Bahnnetzes sich die gewundene Linienführung der Süd-Nord-Bahn als überholt erweisen würde, war zur Zeit ihrer Entstehung vielleicht noch nicht klar genug abzusehen gewesen.

Die Süd-Nord-Bahn war noch im Bau, als auch schon die ersten Abschnitte der großen Ost-West-Linien der Fertigstellung entgegensahen. 1852 bis 1854 entstand die Westbahn von Bamberg über Schweinfurt und Würzburg nach Aschaffenburg im nordwestlichen Unterfranken, und zwischen 1854 und 1860 wurde die Magistrale von Ulm über Augsburg und München – die einst private München-Ausgburger Eisenbahn war inzwischen verstaatlicht worden – nach Rosenheim und von dort weiter nach Salzburg bzw. Kufstein ins Leben gerufen. Sie erhielt den Namen Maximiliansbahn.

Rechte Seite: Die österreichische Schnellzuglok 1044 205 verläßt mit dem Eurocity „Prinz Eugen" von Kiel nach Wien den Schwarzkopftunnel im Spessart (Februar 1993). Das Ostportal des 1854 eröffneten Bauwerks bewachen noch heute zwei bayerische Löwen. Der 925 m lange Stollen war übrigens der längste Fernbahntunnel in Bayern bis zur Inbetriebnahme der Schnellfahrstrecke Hannover–Würzburg 1988.

Der Staatsbahnbau geriet nun in Stocken. Die Erträge der Bahnen waren alles in allem unerfreulich, und der das private Unternehmertum favorisierende Landtag war nicht bereit, für den weiteren Ausbau des Eisenbahnnetzes neuen Krediten zuzustimmen. Daraufhin wurde das sogenannte Pachtbahnsystem ins Leben gerufen. Dessen Kern war der Bau von Strecken auf Kosten nichtstaatlicher Geldgeber; in den meisten Fällen waren das die Städte und Gemeinden, die von der neuen Strecke profitierten. 1852 wurde zwischen Neuenmarkt an der Süd-Nord-Bahn und Bayreuth die erste dieser Pachtbahnen in Betrieb genommen, neun weitere folgten bis 1866. Den Verkehr auf diesen Strecken wickelten die Staatsbahnen ab.

Ein ganz anderes Gesicht zeigte die Renaissance des Privatbahnwesens besonders in Niederbayern und der Oberpfalz. Hier, wo bis Anfang der 1850er Jahre das revolutionäre Verkehrsmittel noch nicht Einzug gehalten hatte, wurden der gesamte Aufbau und Betrieb des Bahnnetzes einer Privatgesellschaft übertragen, der „Königlich privilegierten Aktiengesellschaft der bayerischen Ostbahnen", kurz „Ostbahn" genannt.

Währenddessen ruhte natürlich auch der Staatsbahnbau nicht. In den 1850er und 1860er Jahren entstanden wichtige neue Hauptbahnen, vor allem für den Nord-Süd-Verkehr. Zu nennen sind hier die Strecken von Nürnberg und von Ansbach nach Würzburg, von München über Ingolstadt nach Treuchtlingen und von dort nach Gunzenhausen (–Würzburg) und nach Pleinfeld (–Nürnberg). Damit wurden die schlimmen Mängel der alten Ludwig-Süd-Nord-Bahn geheilt. Etwa um 1875 hatte das bayerische Fernbahnnetz eine Struktur erhalten, die auch für die folgenden hundert Jahre maßgebend bleiben sollte.

Zu gleicher Zeit – 1875 – endete auch das Ostbahn-Intermezzo. Trotz aller inzwischen laut gewordenen Kritik an der Bahnbaupolitik der Ostbahn: Wirklich ausschlaggebend für die Verstaatlichung der Aktiengesellschaft waren außenpolitische Ereignisse. Preußen machte Stimmung für die Zusammenführung der deutschen Eisenbahnen unter dem Dach des Deutschen Reiches – in München wertete man das als eine Attacke gegen die sorgfältig gehütete bayerische Souveränität. Und bevor das Deutsche Reich, hinter dem man nur zu gerne das ungeliebte Preußen zu entlarven suchte, Ostbahn-Aktien an sich bringen konnte,

griff Bayern selbst zu. Damit war, von einigen kleineren Strecken abgesehen, die Privatbahnzeit im weiß-blauen Königreich zu Ende.

Mit den 1880er Jahren wurde der Eisenbahnbau in Bayern – und das gilt in ähnlicher Weise auch für die anderen deutschen Staaten – in eine neue Richtung gelenkt. Die wichtigen Fernstrecken waren gebaut, hier kam es nun nur noch auf allerlei Ergänzungen (Verbindungsstrecken beispielsweise), Verbesserungen (Ausrüstung mit einem zweiten Gleis etwa) und Modernisierungen (wie neue Signaltechniken) an. In den Vordergrund aber rückte jetzt der Bau von Eisenbahnen untergeordneter Bedeutung. Vizinalbahnen oder – in ihrer noch einfacheren Form – Lokalbahnen hießen diese Gebilde, und die bayerischen Lokalbahnen sind bis heute der Inbegriff von Nebenbahnromantik schlechthin. Daß nicht mehr allzu viele bis an die Schwelle des 21. Jahrhunderts gekommen sind, steht auf einem anderen Blatt.

Mit den anderen deutschen Staatseisenbahnen gingen die bayerischen zum 1. April 1920 in der Deutschen Reichsbahn auf. Einige Jahre später hatte sich die wirtschaftliche Lage der Reichsbahn so weit konsolidiert, daß die noch vor dem Ersten Weltkrieg von den Königlich Bayerischen Staatseisenbahnen begonnene Streckenelektrifizierung in erheblich größerem Maßstab wieder aufgenommen werden konnte. Nun ging es nicht mehr darum, in der Nähe der alpinen Wasserkraftwerke liegende Strecken zu überspannen, sondern möglichst umfassend die wichtigen Hauptstrecken wie München–Kufstein/Salzburg (1927/28), München–Stuttgart (1931-33), Augsburg–Nürnberg (1935), Nürnberg–Leipzig (1939). Doch der Zweite Weltkrieg verhinderte, daß die Vorteile der Elektrotraktion auch tatsächlich konsequent genutzt werden konnten.

Nach dem Zweiten Weltkrieg bestimmte viele Jahre lang der Wiederaufbau zerstörter Anlagen das Geschehen auch auf den bayerischen Eisenbahnen. Mit der Rekonstruktion einher ging ein erstes „Nebenbahnsterben", angefangen mit dem Personenverkehr. In den 50er Jahren setzte zudem wieder die Elektrifizierung ein, die längst praktisch alle Magistralen erfaßt hat. Nur der Osten, dessen wirtschaftliche Schwierigkeiten durch die „Zonenrandlage" weiter gewachsen waren, blieb bis heute praktisch „ellokfrei". Sehr zur Freude der Dampflokfans natürlich, denn von Hof, Nürnberg, Kirchenlaibach, Schwandorf

oder Weiden aus machten bis Mitte der 1970er Jahre die Dampfrösser den Dieselloks noch schnaubend Konkurrenz. Aber war das nicht auch ein untrügliches Zeichen für den schlechten Stand, den die Bahn inzwischen im Wettbewerb mit vermeintlich moderneren Verkehrsträgern hatte?

Heute steht die Eisenbahn vor einer neuen Zukunft. Die Umwelt- und Verkehrsprobleme, welche das ungehemmte Wachstum des Autoverkehrs, aber auch der Luftfahrt mit sich bringen, verlangen nach leistungsfähigen Alternativen. Mit neuen Strecken und einer nachhaltigen Modernisierung ihres Fahrzeugparks stellt sich die Schiene neuen Anforderungen. Die Intercity-Expreß-Züge aus Norddeutschland erreichen Bayern heute über die Hochgeschwindigkeitsstrecke Hannover–Würzburg. Weitere Schnellfahrstrecken sind in Vorbereitung, wobei die neue Verbindung Nürnberg–Ingolstadt–München der Realisierung am nächsten ist. Aber auch im Nah- und Regionalverkehr werden neue Angebote bereitgestellt, „integrierter Taktfahrplan" lautet hier das Motto. Und schließlich sind auch im Güterverkehr spätestens seit der Modernisierung des Rangierbahnhofs Nürnberg und der Eröffnung des neuen Rangierbahnhofs München Nord die Weichen in eine freundlichere Zukunft gestellt.

Rechte Seite: Ohne sichtbare Anstrengung schleppt 103 223 ihren Intercity von Frankfurt am Main in Richtung Würzburg zum Schwarzkopftunnel in den Spessart hinauf (Juli 1992). Die 20-Promille-Rampe zwischen Laufach und Heigenbrücken war nicht nur der schwierigste Bereich der Ludwigs-Westbahn, sondern ist bis heute ein Problemfall im bayerischen Eisenbahnnetz. Schwere Güterzüge müssen hier weiterhin nachgeschoben werden.

Schienenwege links und rechts des Mains

Mehr noch als die langen Steigungen sind die engen Kurven im Spessart einem schnelleren Fernverkehr auf der Westbahn im Wege. Hier rollt 103 102 mit ihrem Intercity nach Nürnberg dem Maintal entgegen und durchquert den idyllischen Bahnhof Partenstein, der sich übrigens als Ausgangspunkt von Wandertouren sehr empfiehlt. (April 1992).

Ab Lohr folgt die Westbahn wieder dem Maintal, das sie bei Aschaffenburg verlassen hat, um das sogenannte Mainviereck abzuschneiden. Die 111 im Foto oben zieht einen Schnellzug von Würzburg durch Langenprozelten, im Hintergrund die Gemündener Maintalbrücke der Schnellfahrstrecke Hannover–Würzburg (Mai 1989).

Der historische Ortskern von Gemünden stellt die Kulisse für diese Aufnahme. Die 103 ist mit ihrem Intercity in Richtung Frankfurt am Main unterwegs und überquert soeben die Fränkische Saale (Oktober 1987). Das rechte Gleispaar gehört zur Westbahn Würzburg–Aschaffenburg, die anderen Gleise zur alten Nord-Süd-Strecke Gemünden–Elm–Fulda bzw. zur Saaletalbahn Gemünden–Hammelburg–Bad Kissingen (auf dem Weg dorthin befindet sich die 211 mit ihrem Nahverkehrszug im Foto oben, festgehalten ebenfalls auf der Gemündener Saalebrücke). Im Bahnhof Gemünden vereinen sich diese drei Linien, außerdem kommt im Südkopf noch die Werntalbahn in Richtung

Schweinfurt hinzu. Diese ist im Ferngüterverkehr eine wichtige Entlastungsstrecke für die Maintallinien und das Nadelöhr Würzburg.

Seit der Inbetriebnahme der Schnellfahrstrecke Hannover–Würzburg ist es im Bahnhof Gemünden etwas ruhiger geworden, die Fernzüge von und nach Fulda rollen nun am Ort vorbei. Mit Fertigstellung der sogenannten Nantenbacher Kurve (1994), die zwischen den Stationen Langenprozelten und Lohr von der Westbahn abzweigt und zur Schnellfahrstrecke führt, ist auch der IC/EC-Verkehr der Route Würzburg–Frankfurt in Gemünden Geschichte.

Seit der Verlagerung des hochwertigen Personenfern-
verkehrs auf die Schnellstrecke Würzburg–Fulda ist
der Sinntalbahn Gemünden–Elm neben dem Regionalverkehr noch ein beträchtlicher Anteil am Nord-Süd-
Ferngüterverkehr geblieben. Im Foto oben begegnet
uns die aus Richtung Norden kommende 151 038 mit
der „Rollenden Landstraße" an einem ehemaligen
Bahnwärterhaus nahe Gemünden. Auf der Seite links
überquert eine aus Gemünden kommende 216 mit ei-

nem Nahgüterzug das Flüßchen Sinn bei Rieneck. Ziel
des Zuges ist Wildflecken.

Mit welch großem handwerklichen Geschick bei einfachsten Mitteln seinerzeit der Eisenbahnbau vonstat-
ten ging, verdeutlicht das kleine Foto. Es zeigt ein De-
tail der Sinnbrücke, die noch aus dem „Originalinven-
tar" der 1872 eröffneten Sinntalbahn stammt (Fotos
April 1988).

Endstation Wildflecken. Der wegen seines Truppenübungsplatzes bekannte Röhnort ist auf der Schiene durch eine in Jossa von der Sinntalbahn abzweigende Nebenbahn zu erreichen. Allerdings nur noch im Güterverkehr bzw. mit Militärzügen, der planmäßige Personenverkehr ist im Mai 1988 auf Busse umgestellt worden. Das Foto vom Bahnhof Wildflecken entstand wenige Wochen zuvor.

Eisenbahnromantik an der Saaletalbahn Gemünden–Hammelburg bei Wolfsmünster (April 1989). Die 1884 eröffnete Strecke war die erste Lokalbahn Bayerns. Aber Aschenputtel machte Karriere. Als die Verlängerung von Hammelburg nach Bad Kissingen anstand (1924 eröffnet), wurde die gesamte Verbindung auf Hauptbahnstandard gebracht. Der Beschaulichkeit hat das jedoch keinen Abbruch getan.

Zurück ins Maintal an die Magistrale Würzburg–Gemünden. Eine 103 zieht bei Himmelstadt ihren Intercity in Richtung Norden. Sowohl Lok als auch Wagengarnitur repräsentieren das längst klassische ursprüngliche Erscheinungsbild des IC-Systems: Lok beige-rot,
dahinter nicht klimatisierte Abteilwagen 2. Klasse in
beige-türkis, hinter dem Speisewagen klimatisierte Wagen 1. Klasse in beige-rot. Als im April 1993 diese
Aufnahme entstand, dürfte es einer der letzten „stilrei-
nen" alten IC-Züge gewesen sein.

   Jenseits des Ortes Himmelstadt tut sich die Lein-
acher Senke auf. Diese wird von der Schnellfahrstrecke Hannover–Würzburg mittels zweier dicht auf-
einander folgender Betonkonstruktionen überbrückt.
Denn während die alte Westbahn dem Flußtal folgt, ist
die neue Strecke über die Hochflächen der sogenannten Marktheidenfelder Platte trassiert worden und
senkt sich erst kurz vor Würzburg wieder ins Maintal.

Etwa an derselben Stelle wie der IC im vorigen Foto befinden sich auch diese beiden ET-420-Garnituren, die – offenbar zu einem AW-Aufenthalt – auf der Fahrt von Frankfurt nach Nürnberg sind. Während die Morgensonne die S-Bahn-Triebzüge bereits erstrahlen läßt, liegen die Weinhänge noch im Winternebel (Dezember 1989).

Hier also die Schnellfahrstrecke Hannover–Würzburg, auf der uns ein Intercity auf seiner Fahrt von München nach Hamburg begegnet (Oktober 1990). Der Zug befindet sich auf der bereits erwähnten Leinach-Talbrücke (1 248 m lang) und wird sofort anschließend auf die 1166 m messende Bartelsgraben-Talbrücke rollen. Die beiden Brücken sind zweifellos zu den imposantesten Eisenbahn-Monumenten Bayerns zu rechnen.

Fahrt frei in einen sonnigen Herbstmorgen. 150 015 verläßt mit ihrem Güterzug den Rangierbahnhof Würzburg-Zell in Richtung Süden. Auf einem der Nachbargleise wartet ein weiterer Güterzug auf Ausfahrt (Oktober 1987).

Östlich von Würzburg wird es bis Bamberg auf der alten Westbahn erheblich ruhiger. Die schnellen Fernreisezüge nehmen natürlich die 1865 eröffnete direkte Strecke nach Nürnberg bzw. fahren über Ansbach in Richtung München. Entsprechendes gilt auch für die Mehrzahl der Güterzüge.

Noch viel stiller geht es jedoch auf der Nebenbahn nach Hofheim zu, die in Haßfurt von der Westbahn abzweigt. Als im Juli 1992 bei Königsberg dieses Foto entstand, genügte wieder einmal ein einzelner Schienenbus-Motorwagen für die letzte nachmittägliche Tour.

In Bamberg stößt die alte Ludwigs-Westbahn auf die noch ältere Ludwig-Süd-Nord-Bahn. Für eine Strecke in den Nordwesten Bayerns bot sich Bamberg damals geradezu an, weil hier die Süd-Nord-Bahn am weitesten in diese Richtung ausschwenkt und praktischerweise zugleich ab hier das Maintal für die Trassenführung genutzt werden konnte. Aber schon wenige Jahre später waren die ursprünglichen Überle-gungen nichts mehr wert, und Würzburg und Nürnberg wurden durch eine direkte Linie verknüpft. Die 218, die hier den Bahnhof Bamberg verläßt, zieht den abendlichen Eilzug nach Hof (Juni 1983). In Hochstadt-Marktzeuln, 40 Kilometer nördlich von Bamberg, endet die Fahrleitung über der Süd-Nord-Bahn, deshalb wird gleich ab Bamberg mit Dieseltraktion gefahren.

Bis Hochstadt-Markt-zeuln ist dieser Schnell-zug von Berlin nach München über die Fran-kenwaldbahn gekom-men, dann ist er auf die Süd-Nord-Bahn einge-schwenkt. Mit dem Fall der deutsch-deutschen Grenze erwachte die alte Fernverbindung München–Nürnberg–Leipzig–Berlin wieder zu neuem Leben. Das Foto entstand im Mai 1992 im Maintal bei Staffelstein, im Hinter-grund Kloster Banz.

Die Rampen des Frankenwaldes bereits hinter sich gelassen hat die Reichsbahn-El-lok 155 237, die mit ihrem Güterzug durch Lichtenfels rollt (Februar 1993). Ab 1859 war Lichtenfels keine beliebige Station der Süd-Nord-Bahn mehr, sondern Ab-zweigbahnhof für die Werrabahn über Coburg und Meiningen nach Eisenach, die eine wichtige Verbindung zwischen Nordbayern und den Seehäfen darstellte. Bis zu ihrer Zerschneidung infolge des Zweiten Weltkriegs. Nun wird über eine Reaktivie-rung nachgedacht. Bahnhof Lichtenfels dürfte das zugute kommen.

Ludwigsstadt im Frankenwald gehörte infolge der Teilung Deutschlands zu den wohl stillsten Flecken Nordbayerns. Das hat sich geändert, wobei allerdings der Straßenverkehr für die neue Tonlage verantwortlich ist. Auf der Schiene hoch über dem Ludwigsstädter Ortskern ging es im Juni 1993, als dieses Foto entstand, wegen umfangreicher Wiederaufbauarbeiten (noch?) relativ ruhig zu. Die 140 hat einen Nahverkehrszug von Probstzella nach Lichtenfels am Haken.

An der Frankenwaldbahn bei Förtschendorf im Februar bzw. Juni 1993: Die Süd-rampe der alten Magistrale ist schon umfassend modernisiert und wieder mit dem zweiten Gleis ausgestattet worden. Der nach dem Zweiten Weltkrieg eingebrochene Verkehr zwischen Mittel- und Süddeutschland hatte sich ziemlich problemlos auf ei-nem Gleis abwickeln lassen, nun aber steht die Strecke vor ihrer Renaissance. Mün-chen und Berlin sind inzwischen durch Intercity-Züge (Foto oben) per Schiene bes-ser verknüpft denn je.

Auf der 1885 eröffneten Strecke war schon 1939 der elektrische Betrieb aufge-nommen worden. Damit wurden auch die schweren Tenderloks der Baureihe 95 ent-behrlich, die sich auf den Steilrampen (bis 25,7 Promille Neigung) zur 594 m über NN liegenden Rhein-Elbe-Wasserscheide im Schiebedienst nützlich gemacht hatten. Einige von ihnen fanden gleich nebenan neue Aufgaben, von Probstzella aus beför-derten sie Reise- und Güterzüge über die Nebenbahnen des Thüringer Waldes. Gele-gentlich findet noch heute eine der mächtigen preußischen Maschinen, die Reichs-bahn-Traditionslok 95 027, auf die Frankenwaldrampen zurück (rechte Seite). Am 21. Februar 1993 hat sie einen von 01 1100 gezogenen Dampfsonderzug ab Probst-zella nachgeschoben, ist in Pressig-Rothenkirchen abgekuppelt worden und dampft nun zurück nach Probstzella.

Zurück an die Ludwig-Süd-Nord-Bahn und deren wohl bekanntesten Abschnitt, die „Schiefe Ebene" zwischen Neuenmarkt-Wirsberg und Marktschorgast. Auf knapp 7 km Länge steigt die Strecke mit einer Neigung von durchschnittlich 23 Promille ins Fichtelgebirge an. Zur Zeit des Dampfbetriebs, der hier erst 1973 mit der Ablösung der letzten Schnellzugloks der Baureihe 01 zu Ende ging, erforderte das bei schweren Zügen den Einsatz zusätzlicher Vorspann- oder Schiebeloks. Kein Wunder, daß

mit Fertigstellung der steigungsärmeren und kürzeren Linie Nürnberg–Marktredwitz–Hof (1878) die Schiefe Ebene an Bedeutung verlor.

Im Bild oben brummt eine 614-Garnitur an zwei alten Bahnwärterhäusern vorbei die Rampe hinauf, auf der Seite links schleppt 218 230 einen kurzen Schnellzug in Richtung Hof (April 1986). Reisezüge mit vier oder fünf Wagen – längere sind hier praktisch nicht mehr anzutreffen – schafft die Diesellok auch ohne Unterstützung.

Hof war die Endstation der Ludwig-Süd-Nord-Bahn (in diesem Abschnitt eröffnet 1848), ab hier bis zur sächsischen Grenze bei Gutenfürst wickelte schon die Sächsisch-Bayerische Eisenbahncompagnie den Verkehr ab. Beide Bahnen endeten ursprünglich in einem Kopfbahnhof nahe dem damaligen Stadtkern. Dem wachsenden Verkehr konnte diese Station jedoch schon bald nicht mehr gerecht werden, und 1880 erhielt Hof einen großzügigen Durchgangsbahnbof vor den Toren der Stadt.

Seit dem Fall der deutsch-deutschen Grenze fahren auch wieder Nahverkehrszüge von Hof über Gutenfürst nach Sachsen. Hier ist es die Reichsbahn-Diesellok 219 105, die sich mit einem solchen Zug auf den Weg nach Plauen macht (Februar 1993).

Ein kleiner Abstecher auf das einstmals ausgedehnte Nebenbahnnetz westlich von Hof. Der Schienenbus ist auf der einzigen noch planmäßig im Personenverkehr bedienten Strecke nach Bad Steben unterwegs und hat soeben den Haltepunkt Rothenbürg hinter sich gelassen. Als im Februar 1993 dieses Foto entstand, warteten im Bw Hof bereits die ersten modernen Triebzuggarnituren der Reihe 628.4, die Ablösung für die veralteten Schienenbusse.

Von Oberfranken noch einmal zurück an den Main, diesmal an die Strecke Würzburg–Ansbach. Etwa bis Ochsenfurt folgt sie dem Maintal, dann beginnt die lange Steigung auf die Frankenhöhe, die vor Steinach (bei Rothenburg ob der Tauber) kurz unterbochen wird, um sich dann entlang des Berghanges noch einmal für einige Kilometer fortzusetzen. Zu Dampfzeiten waren schwere Züge von Würzburg nach Ansbach bei Heizern und Lokführern alles andere als eine begehrte Aufgabe. Der Lokführer von 141 379, die hier bei Winterhausen ihren Eilzug nach Ansbach zieht (Mai 1993), hat solche Sorgen nicht. Im Hintergrund die berühmten Weinhänge von Sommerhausen.

Die zwischen 1856 und 1869 in mehreren Etappen geschaffene Linie Würzburg–Ansbach–Treuchtlingen bietet heute die kürzeste und schnellste Verbindung zwischen Nordbayern und der Landeshauptstadt München. Im Reisezugverkehr wird das jedoch nur von einigen Zügen genutzt, da die fränkische Metropole Nürnberg links liegen gelassen wird. Im Frühjahr 1992 tauchten die ersten ICE-Garnituren auf der Linie Würzburg–Ansbach auf, damals noch in Umläufen für lokbespannte IC-Züge. Hier bildet die sehenswerte Altstadt von Ochsenfurt die Kulisse für einen in Richtung Norden rollenden ICE (April 1992).

Zwischen Main
und Donau

Wenn vorhin von den bekannten Weinhängen Sommerhausens die Rede war, so darf dieses Prädikat für die Weine von Iphofen mindestens gleichermaßen in Anspruch genommen werden. Wer vor Ort die edlen Tropfen kosten will, kann seit 1865 mit der Eisenbahn anreisen. In diesem Jahr wurde nämlich die direkte Verbindung von Würzburg nach Nürnberg eröffnet, die den Umweg über Bamberg, also die Fahrt über die Westbahn und anschließend über die Süd-Nord-Bahn, überflüssig machte. Seitdem ist Würzburg–Nürnberg eine der überragenden Magistralen im bayerischen und deutschen Eisenbahnnetz.

Im Bild rechts rollt über sie ein ICE in Richtung Norden, soeben hat er den recht weit vor dem Ort liegenden Bahnhof Iphofen hinter sich gelassen (Juni 1993). Oben ein weiteres Motiv von der Strecke Würzburg–Nürnberg. Eine 1044 der Österreichischen Bundesbahnen (ÖBB) zieht einen Schnellzug nach Würzburg über die Talbrücke von Emskirchen, das weitaus höchste Brückenbauwerk der Strecke. Die Schienen liegen rund 42 m über dem Wasser der Aurach.

Im mit diesen beiden Fotos beginnenden Kapitel werden Eisenbahnen in den Landschaften zwischen Main und Donau vorgestellt. Und selbstverständlich sollen nicht nur die direkten Verbindungen zwischen Bayerns bedeutendsten Strömen zum Zuge kommen, sondern auch Regionen abseits der Magistralen. Ausgangspunkt unserer kleinen Rundreise durch Mittelfranken und die Oberpfalz soll mit der übernächsten Seite Nürnberg sein.

Abendstimmung über dem Hauptbahnhof Nürnberg. Der Intercity-Expreß aus Hamburg fährt soeben ein und wird wenig später seine Reise nach München fortsetzen. Die ungünstige Gestaltung des Nürnberger Gleisnetzes macht es notwendig, daß die ICE-Züge im Hauptbahnhof „kopfmachen" müssen, in Richtung Regensburg beispielsweise könnte dagegen die Fahrtrichtung beibehalten werden. Mit dem in Vorbereitung befindlichen Neu- bzw. Ausbau der Linie Nürnberg–Ingolstadt–München wird die „falsche" Einfädelung der Münchner Strecke ersetzt werden.

Die folgenden Seiten führen uns an die zweigleisige Hauptbahn von Nürnberg nach Schnabelwaid, die sich in diesem kleinen Dorf nach Bayreuth bzw. Marktredwitz verzweigt. Die Strecke genießt wegen der idyllischen Schönheiten des von ihr durchquerten Pegnitztals nicht nur bei Eisenbahnfreunden hohen Ruf.

In die Schlagzeilen geriet die Strecke 1992, als hier die ersten „Pendolino"-Züge der DB (Baureihe 610) eingesetzt wurden. Name und Technik stammen aus Italien, wobei Pendolino schlicht Pendelchen bedeutet. Das weist auf die Fähigkeit dieser Fahrzeuge hin, in Kurven den Wagenkasten so zu neigen, daß auch bei schneller Fahrt durch enge Radien für die Passagiere sich keine störenden Fliehkräfte bemerkbar machen. Das Foto oben entstand am 31. Mai 1992, dem ersten „Pendolino-Plantag", bei Hohenstadt.

Ein besonderes Spektakel erlebten Pegnitztal und Fränkische Schweiz im Sommer des Jahres 1985, als anläßlich des 150jährigen Jubiläums der deutschen Eisenbahnen zahllose Dampfsonderzüge von der DB dort auf die Reise geschickt wurden. Einigen davon werden wir nun begegnen. Oben ist es 86 457 mit einem typischen Personenzug der Reichsbahnzeit, die zwischen Hersbruck und Lauf an wogenden Gerstenfeldern vorbei zurück nach Nürnberg dampft. Auf der Seite links begegnen wir dem Star unter den DB-Museumsfahrzeugen, der ölgefeuerten Schnellzuglok 01 1100, auf der Fahrt von Bayreuth nach Nürnberg bei Hohenstadt.

Noch einmal Hohenstadt: Die Reichsbahn-Diesellok 232 098 schleppt einen Güterzug in Richtung Nürnberg durch den kalt-klaren Wintermorgen (Februar 1993).

Die sieben Tunnels zwischen den Stationen Vorra und Neuhaus, davon vier in gerader Linie, sind aus eisenbahntechnischer Sicht zweifellos das Markenzeichen des Pegnitztals schlechthin. Auf ihrer Fahrt nach Nürnberg wird 218 221 sogleich dröhnend im Hufstätte-Tunnel verschwinden, dahinter erkennt man Sonnenburg-, Gotthardsberg- und Haidenhübel-Tunnel (Juni 1992).

Die Strecke von Nürnberg durchs Pegnitztal ist das Kernstück der sogenannten Fichtelgebirgsbahn, die in den 1870er Jahren von den Königlich Bayerischen Staatseisenbahnen ins Leben gerufen wurde. Genauer betrachtet handelte es sich dabei um ein ganzes Bahnsystem, nämlich die Linien Nürnberg–Hersbruck–Schnabelwaid–Kirchenlaibach–Marktredwitz–Oberkotzau (–Eger), dann Hersbruck–Pommelsbrunn (dort Anschluß an die Ostbahn nach Amberg), Schnabelwaid–Bayreuth, Marktredwitz–Schirnding–Eger sowie die Sekundärbahn Wunsiedel–Holenbrunn. Mit diesen Strecken sollte das unterentwickelte Fichtelgebirge endlich der Vergangenheit entrissen und – wichtiger noch – das prosperierende Böhmen besser an Bayerns Staatsbahnnetz geknüpft werden. Das gute Geschäft mit böhmischer Kohle wollte man nämlich nicht allein der privaten Ostbahn-Gesellschaft überlassen.

Böhmische – sprich: tschechische – Produkte bringt auch dieser Güterzug ins Land, der bei Schirnding die Grenze zu Bayern überquert hat. Nun geht es durchs Pegnitztal in Richtung Nürnberg Rangierbahnhof (Mai 1992). Das typisch fränkisch ausschauende Dorf im Tal trägt übrigens den eher untypischen Namen Alfalter.

Auf dem Weg nach Böhmen: 218 216 schleppt ihren Schnellzug nach Eger die Steigung hinter Marktredwitz hinauf. Im Hintergrund der von Gewitterstimmung eingefangene Ochsenkopf.

Nächster Halt: Marktredwitz. Eine aus Richtung Hof kommende 218 rollt mit dem Schnellzug von Görlitz nach München über die Röslautalbrücke bei Unterthölau (Juni 1992).

Schon 1859, 18 Jahre vor Eröffnung der Fichtelgebirgsbahn, hatte Hersbruck seinen ersten Bahnhof erhalten, und zwar mit der Ostbahnstrecke Nürnberg–Amberg–Regensburg. Dieser Bahnhof lag (und liegt natürlich noch heute) links der Pegnitz, heißt deshalb auch so und ist leider weit von der Stadt entfernt. Für den Regionalverkehr ist die Ostbahn deshalb in Hersbruck wenig interessant.

Ganz anders stellt sich das in der Nachbarstadt Lauf dar. Bis hierher ist die alte Ostbahn elektrifiziert worden und führt nun die Urlinie der Nürnberger S-Bahn. Am Bahnsteig in Lauf wartet die soeben von der Reichsbahn nach Franken ausgeliehene 143 621 auf Ausfahrt nach Nürnberg (November 1992).

Zwischen Hersbruck und Amberg durchquert die Ostbahn-Stammstrecke manch romantisches Landschaftsbild. Kein Zufall also, daß die DB im Sommer 1985 auch hier ihre neu aufpolierten Museums-Dampfrösser kräftig schnauben ließ. Diesmal begegnet uns 23 105, die letzte an die Bundesbahn ab Werk gelieferte Dampflok überhaupt, auf der Steigung bei Etzelwang. Der Regen nimmt der Landschaft und den Auspuffschlägen der Lok einiges vom eigentlichen Reiz.

Der Ostbahnbau bedeutete nicht nur allgemein für die Oberpfalz und Niederbayern einen Schritt in die neue Zeit, sondern machte sich auch ganz konkret bemerkbar, etwa für das örtliche Metallgewerbe. Nun konnte man endlich die Rohstoffe billiger heranschaffen, die Erzeugnisse billiger verfrachten – und wurde damit im Zollver-einsgebiet konkurrenzfähig. Heute stellt sich die Lage längst wieder weniger erfreulich dar. Auch die Maxhütte in Sulzbach-Rosenberg, an der entlang hier 614 014 in Richtung Nürnberg fährt, ist längst in den Sog der „Stahlkrise" geraten.

Von der Ostbahn-Stammlinie Nürnberg–Amberg–Regensburg–München zweigt in Schwandorf die ebenfalls von dieser Gesellschaft gebaute Strecke nach Furth im Wald/Böhmen ab. Zwischen Schwandorf und Furth gibt es heute nur noch zwei Nebenstrecken mit planmäßigem Personenverkehr. Beide zweigen sie in Cham von der Hauptbahn ab, die eine führt nach Waldmünchen, die andere nach Lam. Hier ist die Regentalbahn AG Hausherrin, ein Unternehmen, das sich auch durch den Umbau bzw. Einsatz von woanders ausrangierten Fahrzeugen einen Namen gemacht hat. Beispiel: Lok D 05, die ehemalige 228 119 der Deutschen Reichsbahn, die hier in Lam auf neue Aufgaben wartet (Juni 1993).

Aus dem Oberpfälzer Wald nun zurück auf die Frankenhöhe, diesmal an die Strecke Nürnberg–Ansbach–Stuttgart. Vor dem Scheitelpunkt der Strecke bei Schnelldorf an der Grenze zu Württemberg müht sich 218 238 mit dem D-Zug von Hof über Backnang nach Stuttgart (Juli 1992). Obwohl zwischen Nürnberg und Crailsheim die Strecke unter Fahrdraht liegt, bleibt die Diesellok ab Hof vorm Zug, da ansonsten in Nürnberg wie Crailsheim zeitraubende Lokwechsel vonnöten wären.

In Ansbach kreuzen sich die Hauptstrecken Nürnberg–Stuttgart und Würzburg–Treuchtlingen–München. Auf letzterer begegnen wir auf der Frankenhöhe bei Unterheßbach einem Intercity auf seiner Fahrt in Richtung Süden (September 1986). Die wichtigen Bahnknoten Ansbach, Treuchtlingen und Donauwörth hat der Zug also noch vor sich. Nächster Haltbahnhof wird jedoch erst Augsburg sein.

Jahrelang waren die Vorserienloks der Baureihe 120 zwischen Nürnberg und München im Intercitydienst im Einsatz, ehe sich die Bundesbahn zu einer Beschaffung dieser Baureihe entschloß. Hier zieht 120 004 ihre Wagengarnitur bei Georgensgmünd über die Magistrale Treuchtlingen–Nürnberg (September 1985).

Der Bahnhof Treuchtlingen, in dem sich die Magistralen Nürnberg–Augsburg–München und Würzburg–Ingolstadt–München kreuzen, ist das Nadelöhr des fränkischen Eisenbahnnetzes. Erst 1906 wurde die Verbindung Treuchtlingen–Donauwörth, über die heute der Großteil des Verkehrs rollt, eröffnet. Bereits seit 1869/70 in Betrieb sind dagegen die Verbindungen (Ansbach–) Gunzenhausen–Treuchtlingen–Ingolstadt–München und Treuchtlingen–Pleinfeld (–Nürnberg). Mit den genannten Strek- ken wurden für den Fernverkehr die schwerwiegenden Mängel in der Linienführung der alten Süd-Nord-Bahn behoben. Gunzenhausen fiel als Bahnknoten nun weit zurück, Treuchtlingen hingegen rückte in den Vordergrund. Das Foto oben zeigt die Südseite des Bahnhofs, der einfahrende Eilzug kommt aus Donauwörth (Februar 1993).

Bei Möhren an der Strecke Treuchtlingen–Donauwörth: Oben rollt ein Intercity in traditioneller Lackierung über die Möhrenbach-Talbrücke nach München, auf der Seite rechts fährt in Gegenrichtung ein IC in neuen Farben nach Nürnberg. Der aufgestaute Bach verdoppelt die Idylle (Juni 1990).

Mittels zweier Tunnel entzieht sich zwischen Treuchtlingen und Ingolstadt die Eisenbahn den Windungen der Altmühl. Der von einer Lok der Baureihe 111, die hier im
Reisezugdienst allgegenwärtig ist, gezogene Schnellzug nach München hat den Eßlinger Tunnel soeben hinter sich gelassen (Juni 1990).

Die letzten Strahlen der
herbstlichen Abend-
sonne gleißen über der
von 111 055 gezogenen
IC-Garnitur auf ihrer
Fahrt nach München.
Sekunden später wird
der Zug im Eßlinger
Tunnel verschwunden
sein (Oktober 1986).

Nicht nur der landschaftlichen Reize wegen zog es bis Ende der 1980er Jahre zahlreiche Eisenbahnfreunde ins Altmühltal. Genauso attraktiv waren die hier noch anzutreffenden Altbau-Elloks der Baureihen 118 und 194, die inzwischen allesamt aus dem Plandienst verschwunden sind. Auf der Seite links ist 194 158 Hauptdarstellerin, im Bild festgehalten bei Dollnstein im Oktober 1986.

Bei Eichstätt verläßt die Hauptbahn das Altmühltal, überquert die südliche Frankenalb und steigt dann nach Ingolstadt hinab. Nur für ein paar Kilometer kann man heute noch dem Flüßchen weiter per Schiene folgen, nämlich auf der Zweiglinie von Eichstätt Bahnhof nach Eichstätt Stadt. Dorthin fährt dieser Vorserien-Triebzug der Baureihe 628. Gleich wird er den Zwischenhalt Wasserzell erreichen.

Die Eichstätter Bahn wurde 1885 eröffnet, und zwar meterspurig, in Bayern damals auch bei untergeordneten Strecken eine Rarität. Später wurde die Linie bis Kipfenberg verlängert, schließlich sogar bis Beilngries. Dabei wurde auch die Meterspur aufgegeben. Letztlich hat es wenig genutzt, längst ist von der Altmühltalbahn nur noch das ursprüngliche Stück zwischen Bahnhof und Stadt Eichstätt übrig geblieben. An Nebenbahnromantik aber mangelt es auch diesem nicht (Rebdorf-Hofmühle, Oktober 1986).

Von der Altmühl an die Schwarze Laaber. Eine aus Regensburg kommende 150 zieht bei dichtem Schneetreiben einen leeren Ganzzug über die Talbrücke von Beratzhausen in Richtung Nürnberg (Februar 1992). Die direkte Verbindung Regensburg–Nürnberg, von der Ostbahngesellschaft 1873 in Betrieb genommen, hob endlich den großen Umweg der Ostbahn-Stammstrecke Nürnberg–Amberg–Regensburg auf.

Beim Abstieg der Magistrale Nürnberg–Regensburg ins Naab- und Donautal ließen die Ostbahn-Baumeister einen kleinen Felssporn stehen und durchbohrten ihn, anstatt durch Sprengung den Weg frei zu machen. Ein Besuch des „Felsentors" ist übrigens nur mit festem Schuhwerk zu empfehlen, Fotos wie das auf der Seite links bedürfen zudem einigen Kraxelmutes (Juli 1992).

Oben: Begegnung in Regensburg: An Bahnsteig 2 ist soeben der Eurocity „Joseph Haydn" von Wien nach Hamburg eingefahren, daneben wartet 110 237 mit dem Schnellzug von Oberstdorf nach Berlin (März 1993). Das imposante Regensburger Empfangsgebäude präsentiert sich trotz schwerer Kriegszerstörungen im wesentlichen wieder wie im Eröffnungsjahr 1891.

Von der Donau ins Alpenvorland

Bei Mariaort, benannt nach einer kleinen Wallfahrtskirche am Zusammenfluß von Donau und Naab, überquert die Magistrale Regensburg–Nürnberg auf einer mächtigen Stahlträgerbrücke die Donau und steigt dann in den Fränkischen Jura an. Unterhalb des mittleren Bogens, über den soeben ein Eilzug nach Nürnberg rauscht, sind weit im Hintergrund zwei weitere Brükkenbauwerke auszumachen. Das eine gehört zur Autobahn A 3, das weitaus zierlichere zur Donautalbahn Regensburg–Ingolstadt–Donauwörth–Günzburg. Diese Verbindung war Mitte der 1870er Jahre wesentlich aus strategischen Gründen geschaffen worden, um die bayerischen Garnisonen an der Donau besser untereinander zu verbinden und zugleich deren Aufmarsch in Richtung Westen für den Fall eines weiteren Krieges mit Frankreich zu erleichtern. Heute trägt die Strecke den Namen „Ölbahn", denn der Güterverkehr wird dominiert von der petrochemischen Industrie im Donautal.

Bei Poikam überquert die „Ölbahn" ein zweites Mal die hier aufgestaute Donau. Vor dem Eilzug von Ingolstadt nach Regensburg macht sich eine 118 nützlich (September 1983). Die ehedem als E 18 zur absoluten Elite des deutschen Lokomotivparks zählenden Maschinen verdienten sich unter anderem auf der „Ölbahn" ihr Gnadenbrot.

Bei Weltenburg verläßt die „Ölbahn" das Donautal, im felsengesäumten Flußtal ist
für Schienen kein Platz. Hier empfiehlt sich ein Besuch per Ausflugsdampfer. Keine
Ausflügler, sondern jede Menge Schüler befördert der mittägliche Nahverkehrszug
von Regensburg nach Ingolstadt, den 140 026 durch die Kurve vor Bahnhof Thal-
dorf-Weltenburg zieht (Oktober 1986).

Ein Einschnitt, zwei Brücken und viel Wald. An der Hauptbahn Regensburg–München findet sich manch idyllischer Platz. 111 014 zieht einen der im Takt verkehren-
den Eilzüge von München über Regensburg nach Coburg (Juni 1993).

Idylle auch hier: Kirchturm, Bahnhof und Baywa-Lager in Moosham an der Strecke Regensburg–Passau. Die heutige Streckenführung zwischen Regensburg und Straubing wurde erst 1873 geschaffen, bis dahin benutzten die Ostbahnlinien Regens-burg–München und Regensburg–Passau bis zum Bahnhof Geiselhöring eine gemein-same Strecke. Jetzt trennen sie sich in Obertraubling, Geiselhöring ist nur noch eine einfache Zwischenstation der nunmehrigen Nebenbahn Neufahrn–Radldorf.

Ebenfalls noch von der Ostbahn ins Leben gerufen, aber erst 1877 – also zwei Jahre nach der Verstaatlichung – vollendet wurde die „Waldbahn" nach Bayerisch Eisenstein, die uns auf den folgenden Seiten beschäftigen wird. In Plattling zweigt sie von der Magistrale Regensburg–Passau ab, überquert bei Deggendorf die Donau und windet sich dann in einer großen Schleife in den Vorderen Wald hinauf. Nahe der Station Ulrichsberg (deren Höhenmarke sich exakt 426,818 m über NN befindet) verschwinden die aus der Donauniederung kommenden Züge in einem 475 m langen Kehrtunnel und tauchen dann etwa 30 m oberhalb des Bahnhofs mit anscheinend entgegengesetzter Fahrtrichtung wieder auf. 211 029, die soeben in Ulrichsberg einfährt, hat die Kurvenfahrt bereits hinter sich und rollt nach kurzem Zwischenhalt weiter talwärts (Februar 1993).

73

Ein Winterabend in Gotteszell. Der Triebwagen der Regentalbahn nach Blaibach wartet auf Anschlußreisende aus dem Eilzug Plattling–Eisenstein (Februar 1989). Inzwischen steht die Strecke nicht mehr im Regelbetrieb, allerdings werden noch mehrmals jährlich „Wander- und Ausflugsfahrten" zwischen Gotteszell und Viechtach angeboten.

Für Wintersportler wie Sommerfrischler ist Bodenmais am Fuße des Großen Arbers eines der beliebtesten Ziele des Bayerischen Waldes. Der Ort ist seit 1928 durch eine Stichbahn nach Zwiesel an die Waldbahn angeschlossen, die Nebenstrecke ist damit eine der jüngsten Bayerns überhaupt. Der hier noch etwas „nackt" ausschauende Bahnhof verfügt inzwischen über freundliche neue Stationsbauten (Februar 1989).

Gewitterwolken über dem Hinteren Wald. Eine Diesellok der Baureihe 211 fährt mit ihren zwei „Silberlingen" bei Ludwigsthal die Waldbahn hinunter nach Plattling (Juni 1993). Nächster Haltbahnhof ist Zwiesel, Ausgangspunkt der Nebenbahnen nach Bodenmais und Grafenau.

Mit dem Fall des Eisernen Vorhangs taten sich auch für Ort und Bahnhof Bayerisch Eisenstein wieder neue Perspektiven auf. Die 1945 unterbrochene Weiterführung der Waldbahn in Richtung Pilsen – und die Verbindung Bayerns mit dem gewerbereichen Böhmen war natürlich für die Ostbahn Hauptanlaß zum Bau der Strecke gewesen – wurde auf tschechischer Seite wieder reaktiviert. Seit 1991 kann man in Bayerisch Eisenstein nach kurzer Grenzkontrolle auf dem Bahnsteig umsteigen in Richtung Pilsen. Die skurrile Atmosphäre eines in der Mitte von der Grenze geteilten, großenteils leblosen Stationsgebäudes ist nun wieder verflogen.

Zu den Fotos auf dieser und der nebenstehenden Seite: Links oben ein verschneiter Prellbock, dahinter zuwuchernde Schotterflächen im Februar 1989. Damals ahnte niemand, daß nur ein halbes Jahr später der Eiserne Vorhang zerbröseln sollte. Oben fährt 218 213 mit dem Zug aus Plattling in Bayerisch Eisenstein ein, rechts vom Zug der alte Lokschuppen, der vom „Bayerischen Localbahn Verein" als Standort eines Eisenbahnmuseums wieder prächtig aufgemöbelt worden ist. Links unten ist 218 213 inzwischen vom Zug abgekuppelt worden und rollt am tschechischen Teil des Stationsgebäudes vorbei, um sich für die Rückfahrt an die andere Seite des Zuges setzen zu können (Juni 1993).

Vom Hinteren Wald zurück ins Donautal nach Plattling. Während die 218 mit ihren zwei Silberlingen aus Eisenstein kommend einfährt, verläßt eine 103 mit dem EC „Prinz Eugen" nach Wien am Zughaken den niederbayerischen Eisenbahnknoten (Februar 1993). Noch immer regeln Formsignale das recht lebhafte Geschehen in Plattling.

Sommer in Vilshofen. Ein Eilzug nach Regensburg rauscht über die historische Vils-
brücke, im Hintergrund die Altstadt. Vilshofen war einst Ausgangspunkt zweier Lokalbahnen, und zwar nach Aidenbach (eröffnet 1898) und nach Ortenburg (1906).
Die ältere ist längst stillgelegt, auf der Ortenburger wird noch Güterverkehr abgewik-
kelt. Der Personenverkehr ist auch hier Geschichte.

König Maximilian I. ließ in den 1820er Jahren vor Passau das felsige rechte Donauufer regulieren und freiräumen und schuf hier einen Landweg zur Grenzstadt Passau. Ein mächtiger, in Stein gehauener Löwe erinnert heute an diese Tat, aus der auch die Eisenbahnbauer ihren Nutzen ziehen konnten. Bayerns Wappentier gab den Felshängen auch einen Namen: Löwenwand. Der Eilzug mit 110 117 an der Spitze ist unterwegs von Passau in Richtung Plattling.

Eine Straßenbrücke erlaubt diesen prächtigen Blick auf die Gleisanlagen des Haupt-
bahnhofs Passau. 365 231 rangiert eine Garnitur österreichischer Nahverkehrswagen
aufs Abstellgleis. Die Gleise am Bahnhof werden überbrückt von modern-monumen-
talen Postgebäuden, über allem aber thront der mächtige barocke Dom aus dem spä-
ten 17. Jahrhundert.

Der Weg von Passau ins Alpenvorland führt uns zunächst über Pfarrkirchen und Eggenfelden zum Bahnknoten Mühldorf. Die Stadt am Inn hat der Schienenbus vor etwa zehn Minuten verlassen, nächster Halt wird Neumarkt-St.Veit sein (August 1992). Für die knapp 100 km lange Reise von dort bis Passau wird der Zug noch rund zwei Stunden benötigen (August 1992).

So sieht der Fahrdienst-
leiter im Westturm den
Mühldorfer Bahnhof.
Zu seinen Füßen schiebt
eine 218 den Eilzug
nach München an den
Rangiergleisen vorbei.
Die Strecke München–
Mühldorf–Simbach
(–Österreich) wurde
1871 von den Staatsbah-
nen eröffnet und sollte
der Ostbahnlinie Mün-
chen–Straubing–Passau–
Österreich Konkurrenz
machen.

Eines der letzten Hauptbahnprojekte der Königlich Bayerischen Staatseisenbahnen war die 1908 fertiggestellte Verbindung Mühldorf–Freilassing, die angesichts der Eröffnung der Tauernbahn die Magistrale Salzburg–Rosenheim–München entlasten sollte. Die bereits seit 1890/94 bestehende Nebenbahn Freilassing–Wiesmühl–Tittmoning wurde in die neue Hauptbahn integriert. Auf dem älteren Abschnitt schiebt eine Mühldorfer 218 ihren Eilzug von Freilassing zum nächsten Halt Fridolfing (September 1992).

In Garching zweigt von der Linie Mühldorf–Freilassing die 1910 eröffnete Nebenbahn nach Trostberg ab, die sicherlich in erster Linie für den Aufbau der örtlichen
Chemieindustrie vonnöten war. Abgesehen von den Fahrzeugen und den „preußischen" Signalen der Reichsbahnbauart dürfte es in Garching um 1910 nicht viel anders ausgesehen haben (September 1992).

Die Region um Mühldorf und Traunstein gehört zu den letzten Schienenbus-Reserva-
ten Bayerns. Auch auf der alten Lokalbahn von Traunstein nach Waging (eröffnet
1902) haben sich die roten „Nebenbahnretter" bis in die 90er Jahre gehalten. Selbst
wenn der Fahrkomfort noch so sehr zu wünschen läßt, der freie Blick aus den Führer-
ständen auf die Strecke wie hier bei Weibhausen entschädigt für so manchen Stoß.

Nebenbahnromantik pur: Bahnhof Otting bei Waging, das ist ein holzverkleidetes Stationsgebäude, daran ein Bretterschuppen, links ein gemauerter Stall mit nachträglich eingebautem Schornstein. Das Transformatorenhäuschen und natürlich der Schienenbus erinnern daran, daß wir uns durchaus nicht mehr in der Länderbahnzeit befinden. Der zum Bahnhof gehörende Ort liegt übrigens auf dem Hügel links.

Die Industriebetriebe von Trostberg und Umgebung sorgen auf der Strecke nach Mühldorf für einen recht ansehnlichen Güterverkehr. 218 393 hat mit dem nachmittäglichen Zug vor wenigen Minuten Trostberg verlassen und brummt nun am Alzkanal entlang nach Mühldorf (September 1992).

Zwischen Trostberg und Traunstein sind Güterzüge eher selten anzutreffen. Mit Schienenbussen als Hauptdarstellern läßt sich natürlich auch manch nettes Fotomotiv finden. Hier rollt eine fünfteilige Garnitur von Traunstein bei Matzing durch Wiesen und Felder.

Oberbayern

„Oberbayern" heißt kurz und bündig die Kapitelüberschrift. Natürlich befinden wir uns schon seit einiger Zeit (genauer: seit Seite 82) im Regierungsbezirk Oberbayern. Aber hier wollen wir den Begriff so verstehen, wie es Touristen, und das sind im eigentlichen Sinne ja auch wir, normalerweise tun: als Titel für das Land (und Vorland) der hohen Berge.

Auf den folgenden Seiten werden wir zunächst die Magistrale Salzburg–Rosenheim–München und einige ihrer Zweige kennenlernen. Dazu gehört auch Freilassing–Berchtesgaden, eine der Pionierstrecken des elektrischen Zugbetriebs in Deutschland. Seit 1916 schon hat hier die Dampflok ausgedient. Die reichlich vorhandene Wasserkraft hatte damals den Ausschlag dafür gegeben, im Gebirge mit der Elektrifizierung zu beginnen.

Zum Foto rechts: Eine Maschine der Baureihe 111 fährt bei Bischofswiesen mit ihrem Nahverkehrszug in Richtung Freilassing. Es ist September, und die Gipfel tragen bereits wieder Schnee.

Die Strecke München–Rosenheim–Salzburg/Kufstein wurde unter der Regentschaft von König Maximilian II. geplant und verwirklicht und trug deshalb den Namen Maximiliansbahn. Dem damaligen Anspruch, Teil einer bedeutenden europäischen Ost-West-Verkehrsachse zu werden, ist sie alles in allem gerecht geworden. Heute spielt der Nord-Süd-Verkehr eine genauso große Rolle.

In nordwestliche Richtung aufgebrochen ist 111 001, die frühmorgens bei Teisendorf einen Interregio von Salzburg über München nach Karlsruhe zieht (August 1992). Hochstaufen (1771 m) und Zwiesel (1781 m) geben den eindrucksvollen Hintergrund ab.

Die am häufigsten anzutreffenden Loks auf der Strecke Salzburg–Rosenheim sind
die österreichischen Maschinen der Baureihe 1044. Auf der Seite links sehen wir sie
vor dem Eurocity „Mimara" von Zagreb nach München bei Teisendorf. Im Foto
oben befördert eine 1044 bei Traunstein einen der sogenannten „Korridorzüge" zwischen Innsbruck und Salzburg, also einen innerösterreichischen Schnellzug, der jedoch wegen der kürzeren Entfernung über Rosenheim (ohne Halt) anstatt über Zell
am See gefahren wird (September 1992).

Ruhpolding ist die Endstation der dritten von Traunstein ausgehenden Nebenbahn (diejenigen nach Waging und Garching haben wir bereits kennengelernt), seit 1955 fahren hier die Züge elektrisch. Bei dem ungewöhnlich ausschauenden Fahrzeug handelt es sich um einen „Silberling"-Steuerwagen, dessen Stirn versuchsweise analog den sogenannten Hannoverschen Prototypen umgestaltet worden ist. Es blieb beim Versuch.

Auch vor den Interregio-Zügen, also einer normalerweise „innerdeutschen" Angelegenheit, sind die 1044 häufig anzutreffen. Diesmal ist es jedoch wieder eine 111 der Bundesbahn, die zweithäufigste Spezies auf den Schienen zwischen Rosenheim und Salzburg. Im Hintergrund Häuser und Kirche von Vachendorf.

Auf Bergfahrt: ein abendlicher „Korridorzug" nach Salzburg wird gleich die kleine Station Bergen durchfahren, in den Chiemgauer Bergen hängen Wolken- und Nebelfetzen (linke Seite).

Im Bild rechts schleppt eine rote 111 den Interregio von München nach Salzburg durch die engen Kurven bei Bergen (August 1992).

Die 1044 der ÖBB, diesmal vor Eurocity-Zügen aus österreichischem Wagenmaterial, bestimmt auch die Fotos auf dieser und der nächsten Seite. Oben bilden der Bahnhof und der Zwiebelturm der Pfarrkiche von Bad Endorf die Kulisse, der Zug fährt in Richtung Salzburg. Auf der Seite rechts sind es die Häuser und der Spitzturm des Nachbardorfes Antwort, Fahrtrichtung des EC ist München (Februar 1993).

Vom Bahnhof Prien an der Magistrale Rosenheim–Salzburg aus kann man Außergewöhnliches „erfahren". Da ist zum einen die Nebenstrecke nach Aschau, auf der modernisierte Schienenbusse eingesetzt werden, wie es sie nur hier gibt. Mit leicht modifizierter Inneneinrichtung und frischer Farbe im neuen „Regionalbahn-Look" bleiben die VT 98 der Chiemgau-Bahn jedoch Einzelgänger, zu einem größeren Modernisierungsprogramm dieser Oldtimer ist es nicht mehr gekommen.

Dem Begriff Oldtimer wird die zweite der Priener Bahn-Attraktion noch weit stärker gerecht. Gemeint ist natürlich die Chiemsee-Bahn vom DB-Bahnhof Prien zum Schiffsanleger Stock. 1887 wurde die nur 1,8 km lange, meterspurige Dampfstraßenbahn in Betrieb genommen, und als 105 Jahre später kleines Jubiläum zu feiern war, hatte sich auf den Gleisen nur wenig verändert (und dabei wird es wohl noch einige Zeit bleiben). Vor dem hier in Stock bereitstehenden Zug macht sich noch immer die 1887 von Krauss & Cie. unter der Nummer 1813 gelieferte Trambahnlok nützlich, großes Publikumsinteresse ist ihr stets gewiß.

Noch einmal sei der Begriff Oldtimer bemüht. 1962 erschienen die mächtigen Diesellloks der (späteren) Baureihe 221 auf den Gleisen der Bundesbahn, 30 Jahre später, im September 1992, warten 20 Maschinen im Bahnbetriebswerk Rosenheim auf ihre Verschrottung. Die Loks waren aus dem Ruhrgebiet, wo sie sich im Güterverkehr das Gnadenbrot hatten verdienen müssen, nach Oberbayern geschleppt worden. In der Hoffnung, wie zuvor einige weitere Maschinen ihrer Baureihe überarbeitet und dann nach Griechenland oder Albanien verkauft werden zu können. Die Pläne zerstoben, das dreijährige oberbayerische Intermezzo endete mit dem Schneidbrenner.

ROSENHEIM

ROSENHEIM

Am Innsbrucker Bahnsteig in Rosenheim fährt der Eurocity „Leonardo da Vinci"
nach Mailand ein, vor dem Zug einmal mehr eine 1044. Die Strecke nach Innsbruck
schwenkt am Ende des Bahnhofs nach rechts und folgt dann dem weiten Inntal bis
zur Tiroler Landeshauptstadt.

Vom Wendelstein aus gesehen ist der Inn nur ein kleiner, heller Fleck. Die Wendelsteinbahn wurde 1912 als erste Bergbahn der bayerischen Alpen von Otto von Steinbeis erbaut. Seit 1991 erklimmen modernen Doppeltriebwagen die 7,66 km lange Strecke. Einer davon, nämlich der hier kurz vor der Bergstation abgelichtete, trägt heute den Nahmen des Bahngründers. Von der Bergstation der Zahnradbahn sind es noch einige Schritte und 120 m Höhenunterschied zum 1 840 m hohen Gipfel. Die Mehrzahl der Fahrgäste zieht es jedoch vor, den prächtigen Blick von den Terrassen der nahen Berggaststätte zu genießen.

Seit 1970 kann man den Wendelstein auch per Großkabinen-Seilbahn erobern. Deren Talstation befindet sich nahe dem Bahnhof Osterhofen der DB-Strecke Bayrischzell–Schliersee (–Holzkirchen), einer Nebenbahn, die nur ein Jahr älter ist als die Wendelstein-Zahnradbahn. 218 309 hat sich an einem verregneten Septembermorgen des Jahres 1992 mit ihrem Zug vor gut 20 Minuten in Bayrischzell auf den Weg nach München gemacht, nächster Halt ist der Ort Schliersee, dessen Pfarrkirche am anderen Ufer schon zu erkennen ist.

Der Ausflugs- und Berufsverkehr mit dem Großraum München ist auch für die Tegernsee-Bahn das wichtigste Betätigungsfeld. Die moderne Diesellok der Privatbahn hat Kurswagen für die Landeshauptstadt am Haken, die in Schaftlach dem Eilzug von Lenggries nach München beigestellt werden (September 1992). Die Tegernseebahn (eröffnet zwischen Schaftlach und Gmund 1883, verlängert bis Tegernsee 1902) ist übrigens eine der wenigen deutschen Privatbahnen, die diesen Titel auch aus gutem Grund trägt, befindet sie sich doch tatsächlich in privater Hand. Zumeist wird der Begriff Privatbahn bekanntlich für solche Bahnbetriebe benutzt, die sich nicht im Eigentum des Bundes befinden. Dafür sind dann aber in aller Regel Länder oder kommunale Gebietskörperschaften die Eigentümer, nicht aber Privatleute.

Unsere kleine oberbayerische Seenrundfahrt führt nun an die Strecke von Kochel am gleichnamigen See nach Tutzing am Starnberger See, genauer: vor die Türme der Klosterkirche St. Benedikt in Benediktbeuren.

Bereits 1865 war die Verbindung Starnberg–Tutzing–Penzberg als sogenannte Pachtbahn (Bau durch Private, Betrieb durch die Staatsbahn) ins Leben gerufen worden, vor allem, um die Kohlen des Penzberges abzufahren, Penzberg–Kochel folgte erst 1898.

Die heutige Kursbuchstrecke 960 München–Mittenwald–Innsbruck stellt sich auf den ersten Blick als eine „normal gewachsene" Fernverbindung dar. Aber das ist sie wahrlich nicht. Fügen wir die Elemente von München aus zusammen: Da ist zunächst die Pachtbahn München–Starnberg, 1854 eröffnet. 1865 kommt die Pachtbahn Starnberg–Tutzing (–Penzberg) hinzu, 1866 die Pachtbahn Tutzing–Weilheim (–Peißenberg). 1879 eröffnen die Königlich Bayerischen Staatseisenbahnen die Linie von Weilheim nach Murnau, zehn Jahre später fügt die Lokalbahn AG das Stück Murnau–Garmisch hinzu. In Garmisch ist nun für viele Jahre Endstation. Erst 1912 geht es weiter nach Mittenwald (und von dort nach Innsbruck), wobei nach einem Übereinkommen mit den k.u.k.-Staatsbahnen sowohl die Karwendelbahn Garmisch–Innsbruck als auch die gleichzeitig entstehende Außerfernbahn nach

Reutte in Tirol elektrisch betrieben werden sollen. Da die Königlich Bayerischen Staatseisenbahnen zudem auch die Linie Garmisch–München elektrifizieren möchten, wird von der Lokalbahn AG das Teilstück Murnau–Garmisch übernommen. Und weil die Pachtbahnen sowieso vom Staat betrieben werden, zum Teil auch schon vertragsgemäß in dessen Eigentum übergegangen sind, ist erst jetzt die einheitliche Linie München–Mittenwald komplett.

Solche historischen Details treten natürlich angesichts der landschaftlichen Schönheiten in den Hintergrund. Keine andere Strecke der Bundesbahn bietet solch großartige An- und Aussichten. Das gilt ganz besonders für den Abschnitt Mittenwald–Klais, auf dem hier eine 111 den IC von Innsbruck nach Dortmund zieht (Juni 1993).

Etwa an derselben Stelle wie der Zug auf der vorigen Doppelseite befindet sich hier 113 308, ebenfalls mit einem Eilzug nach München unterwegs. Der Morgendunst eines sonnigen Herbsttages läßt die Karwendelspitze im Hintergrund als graue Wand erscheinen (Oktober 1992).

Auch im Foto auf der Seite links stellt die Karwendelspitze die Kulisse. Außerdem im Bild einmal mehr der Intercity von Innsbruck nach Dortmund (Dezember 1992).

Der Bahnhof Klais liegt 933 m über NN, und da hier auch die IC-Züge von und nach Innsbruck bzw. Mittenwald halten, gilt er als Deutschlands höchstgelegene Intercity-Station. Auch ein Spitzenplatz für die originellste Tür zum Schalterraum dürfte Klais gewiß sein.

Die Seite rechts führt an die Station Grainau der Zugspitzbahn AG. Mit keiner Eisenbahn in Deutschland kann man höher hinaus, die neue Endstation Zugspitzplatt (seit 1992) liegt 2 588 m über NN. Ursprünglich ging es sogar noch etwas höher, die

alte, für Wintersportler ungünstigere Endstation Schneefernerhaus (eröffnet 1930) lag 2 650 m über NN.

Der planmäßige Zugbetrieb der Zugspitzbahn ist ein Kuriosum. Obwohl auch für Zahnradbetrieb geeignet, fahren die modernen, 1987 beschafften Doppeltriebwagen (Foto) nur auf dem Reibungsabschnitt Garmisch-Partenkirchen–Grainau. Dort muß man umsteigen in die älteren und langsameren Triebwagen der Zahnradstrecke. Sowohl technische als auch organisatorische Gründe sprechen (noch) für eine Teilung des Betriebs.

Außergewöhnliches gibt es auch von der Linie Murnau–Oberammergau zu berichten, der wohl berühmtesten aller bayerischen Lokalbahnen. Die 1900 eröffnete Strecke war von einer Dresdner Aktiengesellschaft sozusagen als Versuchsanlage für Drehstrombetrieb gebaut worden, die technischen Probleme nahmen jedoch kein Ende, und die Sachsen stießen die – noch mit Dampf betriebene – Strecke 1904 an die Lokalbahn AG (LAG) ab. Diese LAG, eines der ganz großen unter den damals recht zahlreichen privaten Nebenbahnunternehmen Deutschlands, behielt die Elektrifizierungspläne bei, setzte jedoch auf die revolutionäre Technik des einphasigen Wechselstroms. 1905 wurde tatsächlich der elektrische Betrieb aufgenommen, die Netzspannung betrug 5,5 Kilovolt bei einer Frequenz von 16 Hertz. So begann zwischen Murnau und Oberammergau der Siegeszug des heute über Deutschlands Schienen üblichen einphasigen Wechselstroms (nun aber mit 16 $^2/_3$ Hz bei 15 kV Spannung).

1938 wurde die Lokalbahn AG verstaatlicht. Die traditionsreichen Elloks des Unternehmens blieben aber noch rund 40 Jahre im Dienst. Heute sind im tagtäglichen Dienst nur „Allerweltsfahrzeuge" zwischen Murnau und Oberammergau anzutreffen: Elloks der Reihe 141 und „Silberlinge" in „Natur" bzw. neuer Regionalverkehrslackierung. Im Bild rechts begegnet uns eine solche Garnitur bei Unterammergau (Juli 1992), links bei Grafenaschau (Mai 1993).

Sommerstimmung mit
Zugspitzmassiv:
111 050 zieht bei Ohl-
stadt einen Eilzug von
Garmisch in Richtung
München.

Am Staffelsee nahe Murnau rückt die Alpenkette schon weit in den Hindergrund, sanfte Hügel bestimmen nun das Landschaftsbild. Bei dem aus einer 111 und Reichsbahnwagen gebildeten Zug handelt es sich um IC „Wetterstein" von Mittenwald nach Berlin (Mai 1993).

Rechte Seite: Wintermorgen über dem Münchner Hauptbahnhof. Eine ICE-Garnitur wird für die Fahrt nach Hamburg bereitgestellt und rollt über die mit Rauhreif überzogenen Gleise zur Haupthalle (Dezember 1992).

Zwischen München und Lindau, dem Ausgangspunkt unseres nächsten Kapitels, sowie den Allgäuer Alpen bündelt sich der Schienenpersonenverkehr auf der zweigleisigen Hauptbahn von Pasing nach Buchloe (an der alten Süd-Nord-Bahn). Die 1873 fertiggestellte Verbindung machte den Umweg über Augsburg überflüssig. Bis zum Bahnhof Geltendorf, in dem die Linie S 4 der Münchner S-Bahn endet, ist die Strecke seit 1968 (Beginn des S-Bahn-Verkehrs) elektrifiziert. Jenseits von Gelten-

dorf beginnt eines der letzten großen Diesellok-Reviere der Bundesbahn.

Vor beinahe allen Züge „oberhalb" des Nah- und Regionalverkehrs sind Loks der Baureihe 218 bzw. 215 aus Kempten oder Ulm anzutreffen. So auch hier vor dem Eilzug von Lindau nach München, der bei Geltendorf durch einen naßkalten Wintertag rollt (Dezember 1992).

In Geltendorf wird die Buchloer Bahn von der eingleisigen Hauptbahn Weilheim–
Mering (bei Augsburg) gekreuzt (eröffnet 1898). Zwischen Geltendorf und Mering
ist diese elektrifiziert, bei Bedarf können also Ferngüterzüge zur Entlastung der Magistrale Augsburg–München hier umgeleitet werden.

Auf dem nicht elektrifizierten Abschnitt südlich von Geltendorf begegnet uns
oben der Eilzug von Augsburg nach Weilheim, den Bildhintergrund beherrscht die
Kirche von Schondorf am Ammersee mit ihrem schönen Zwiebelturm (Mai 1993).

In Schwaben

Der Bodensee, das Schwäbische Meer, ist der Ausgangsort unserer kleinen Bahnreise durch das bayerische Schwaben, mit der dieses Buch seinen Abschluß finden wird. Noch einmal soll auf vielen der folgenden Seiten die Ludwig-Süd-Nord-Bahn, jenes teils mißratene, gleichwohl großartige bayerische „Eisenbahn-Gesamtkunstwerk" im Mittelpunkt stehen. Über sie geht die Fahrt von Lindau nach Augsburg und weiter bis zur Harburg.

Zum Foto auf der Seite links: 218 435 und eine weitere Lok dieser Baureihe beför-

dern den EC „Gottfried Keller" von München nach Zürich in Richtung Lindau. Die letzten Kilometer vor der Stadt im Bodensee liegen in starkem Gefälle.

Ebenfalls in Richtung Zürich fährt der aus SBB-Lok und -Wagen gebildete Schnellzug aus Prag (oben). Die Garnitur, die soeben Lindau Hbf verlassen hat, befindet sich auf dem Damm zwischen Aeschach und der Inselstadt Lindau, im Vordergrund eines der Bodensee-typischen Strandbäder (August 1990).

Die ÖBB-Ellok 1044 101 ist mit einem Schnellzug aus Innsbruck via Arlberg im Kopfbahnhof Lindau angekommen. Seit 1872 besteht die Schienenverbindung zwischen Lindau und Bregenz/Österreich, praktisch die Verlängerung der Arlbergbahn auf bayerisches Gebiet. Von Lindau nach Württemberg (Friedrichshafen) dagegen wurde erst 1899 der Schienenverkehr aufgenommen. Bis dahin reiste man zu den westlichen Bodenseestädten per Schiff – wie es noch heute möglich und, besonders bei Touristen, ausgesprochen beliebt ist.

Winter in Röthenbach im Allgäu, 40 Schienenkilometer (aber nur etwa 22 km Luftlinie) nordöstlich von Lindau. Über zahllose Windungen hat sich 628 005 auf der Süd-Nord-Bahn auf rund 800 m über NN hinaufgearbeitet, Bahnhof Lindau liegt 399 m über NN. Zahlen wie diese erhellen, warum die Süd-Nord-Bahn inzwischen auch im Allgäu ins Hintertreffen gerät. Die EC-Züge zwischen Zürich und München rollen seit Sommer 1993 via Memmingen. Schon die Planer der Süd-Nord-Bahn wußten um die Vorteile dieser Route, aber da hier württembergisches Terrain betreten werden mußte, schied diese Variante damals aus.

Eine Lok, ein Wagen und eine Menge Schnee. Einen einzigen Container hat die 218
in Röthenbach übernommen und bringt ihn im letzten Licht der Abendsonne nach
Kempten, in wenigen Minuten wird der Kurzzug durch die Station Oberstaufen rollen (Dezember 1992).

Der Alpsee zwischen Immenstadt und Oberstaufen gehört zweifellos zu den größten Attraktionen neben der Süd-Nord-Bahn. Oben rollt einer der EC von München nach Zürich am Seeufer entlang, etwa an gleicher Stelle befindet sich auch der in Gegenrichtung fahrende Eilzug im kleinen Foto (August 1990).

126

Ausfahrt frei für den Urlauberzug von Oberstdorf nach Dortmund. Soeben hat 218 474 die Wagen übernommen und beschleunigt sie nun aus dem Bahnhof Immenstadt, in dem die Stichstrecke aus Oberstdorf auf die Süd-Nord-Bahn trifft.

Ein heißer Frühlingstag liegt über dem Niedersonthofener See zwischen Immenstadt und Kempten (Mai 1993). Auch wenn die EC-Züge nach Zürich (Foto) nun
über Memmingen fahren, gehört dieser Streckenabschnitt dank des regen Verkehrs
nach Oberstdorf weiterhin zu den belebtesten des Allgäuer Voralpenlandes.

In zwei Etappen entstand die heutige Verbindung Immenstadt–Oberstdorf. Den Anfang machte 1873 die Vizinalbahn nach Sonthofen. Vizinalbahnen, das waren die Vorgänger der berühmten bayerischen Lokalbahnen, noch ein wenig aufwendiger gestaltet als diese, aber doch schon deutlich unter dem damals üblichen Standard. Sie wurden in den 1870er Jahren dort gebaut, wo das erwartete Verkehrsaufkommen keine bedeutenden Einnahmen erhoffen ließ. Wegen des Sonthofener Bergbaus war diese Strecke jedoch über viele Jahre vergleichsweise sehr ertragreich. 1888 kam das Stück Sonthofen–Oberstdorf hinzu, erbaut von der Lokalbahn AG (LAG). Das war die älteste LAG-Strecke in Bayern überhaupt. Erst nach der Verstaatlichung der

LAG 1938 erhielt Sonthofen einen neuen Durchgangsbahnhof, ohne den der heutige moderne Tourismusverkehr mit Interregio- und Intercityzügen wohl nicht möglich wäre.

Zum Foto oben: Eine 215 hat mit ihrem Eilzug nach Ulm vor wenigen Minuten Oberstdorf verlassen und wird sogleich in Langenwang weitere Fahrgäste aufnehmen. Ebenfalls aus Oberstdorf kommt der IR im Foto auf der Seite rechts, aufgenommen am Niedersonthofener See. Nach Kempten wird er nicht Ulm, sondern München ansteuern, von dort geht seine Fahrt weiter in Richtung Hof (Juni 1993).

Recht gemächlich geht es auf der 1895 eröffneten Nebenbahn von Kempten nach Pfronten zu. Enge Kurven, die möglichst jedes Hindernis umgehen, zahlreiche nur durch Andreaskreuze gesicherte Bahnübergänge, kräftige Steigungen, hölzerne Stationsgebäude einfachsten Typs – wer eine „richtige" Lokalbahn erleben möchte, ist hier richtig. Auch die „neumodischen" Dieselfahrzeuge, hier ein Vorserien-628 bei Pfronten, können die Eisenbahnromantik nur unwesentlich verwischen (Mai 1993).

Begegnung in Memmingen. Nebeneinander warten die Eilzüge Ulm–Kempten–Oberstdorf und Buchloe–Leutkirch–Lindau auf Ausfahrt (August 1990). Die 1863 eröffnete Illerbahn Neu-Ulm–Memmingen–Kempten war die weitaus längste aller Pachtbahnen, ihr Zustandekommen ist ganz wesentlich auf die Initiative der Stadt Memmingen zurückzuführen. Memmingen–Buchloe kam 1874 hinzu, die durch Württemberg führende Linie über Leutkirch nach Hergatz (bei Lindau) an der Süd-Nord-Bahn, über die jetzt die EC-Züge zwischen München und Zürich rollen, folgte 1890.

Längst haben wir das Allgäu hinter uns gelassen und eine ganz und gar unspektaku-
läre, gleichwohl sehenswerte Landschaft erreicht. Was den Autofahrern die „Ober-
schwäbische Barockstraße" vermitteln möchte, läßt sich per Schiene beispielsweise
auf der Nebenbahn von Günzburg (an der Magistrale Augsburg–Ulm) nach Mindel-
heim (an der Hauptbahn Buchloe–Memmingen) erfahren. Kleine, oft versteckte Se-
henswürdigkeiten – hier Neuburg (Kammel) – lassen immer wieder das wenig kom-
fortable Ambiente des Dieselgefährts vergessen (Juni 1992).

In Augsburg kreuzen sich – historisch betrachtet – die Ludwig-Süd-Nord-Bahn und die Maximiliansbahn Ulm–München–Kufstein/Salzburg. Aus heutiger Sicht müßte man die Situation eher so darstellen: In Augsburg teilt sich die Magistrale aus München in die Äste nach Ulm bzw. Donauwörth, außerdem führen die zweigleisige Hauptbahn aus Lindau sowie die eingleisige Hauptbahn aus Ingolstadt in die Hauptstadt Bayerisch-Schwabens. Die Fahrt über die beiden letztgenannten Linien haben die zwei Vorserien-628 vor sich, von denen soeben derjenige mit der Nummer 103 den Augsburger Bahnhof in Richtung Ingolstadt verläßt (Dezember 1992).

Auf Bergfahrt bei Freihalden: 151 045 zieht einen schweren Güterzug aus München über den Scheitelpunkt der 1853/54 eröffneten Strecke Augsburg–Ulm. Die Wasserscheide zwischen Lech und Donau wird hier in einem 20 m tiefen und 1 700 m langen Einschnitt überwunden (linke Seite).

Rechte Seite: Über der Wörnitz und der alten Süd-Nord-Bahn thront die Harburg, eine der schönsten Burg- und Schloßanlagen Schwabens. 1295 ging die ursprüngliche Burg, deren genaue Bauzeit nicht bekannt ist, in die Hände derer von Oettingen über, und noch immer befindet sie ich im Besitz dieser Fürstenfamilie. Als 1849 der Streckenabschnitt Donauwörth–Nördlingen–Oettingen eröffnet wurde, währte die Familientradition also schon 554 Jahre …

Tempo 200 bei Meitingen: Der ICE nach Hamburg durcheilt den zumeist schnurgeraden Abschnitt Augsburg–Donauwörth der Ludwig-Süd-Nord-Bahn. Keine zwei Stunden später wird der Zug bei Würzburg, kurz darauf erneut bei Gemünden den Main in Richtung Norddeutschland überquert haben. Mit der Eisenbahn durch Bayern – das ursprüngliche Reise-Erlebnis läßt sich heute auf zwei, drei Stunden reduzieren. Vielleicht wird aber auch dieses Buch dazu angeregt haben, dann und wann den längeren Weg zu wählen. Bayern und seine Eisenbahnen lohnen es allemal.